LETTRE

A

MONSIEUR LE RÉDACTEUR

DU JOURNAL LA GIRONDE

en réponse

A LA BROCHURE DE MM. ERCKMANN - CHATRIAN

SUIVIE D'UN

PETIT RÉCIT HISTORIQUE SUR LA VIE D'UN SOLDAT

PAR

J. SAUJEON PÈRE

BORDEAUX

IMPRIMERIE ALCIDE SAMIE

Rue du Parlement-Saint-Pierre, 16

—

1876

LETTRE

A

MONSIEUR LE RÉDACTEUR

DU JOURNAL LA GIRONDE

en réponse

A LA BROCHURE DE MM. ERCKMANN - CHATRIAN

SUIVIE D'UN

PETIT PRÉCIS HISTORIQUE SUR LA VIE D'UN SOLDAT

PAR

J. SAUJEON PÈRE

BORDEAUX

IMPRIMERIE ALCIDE SAMIE

Rue du Parlement-Saint-Pierre, 16

1876

LETTRE

A

MONSIEUR LE RÉDACTEUR

DU JOURNAL LA GIRONDE

Bordeaux, le 11 septembre 1876.

MONSIEUR LE RÉDACTEUR,

J'ai lu dans les colonnes de votre journal du 9 courant, l'éloge enthousiaste qu'a fait M. Sarcey, du scandaleux opuscule de MM. Erckmann-Chatrian, éloge dont vous vous rendez solidaire avec non moins d'enthousiasme.

D'après moi, Monsieur le Rédacteur,

ce travail, loin de mériter un éloge quelconque, devrait être méprisé, sinon maudit par tous les bons Français vraiment dignes de ce nom ; car on peut dire que ce livre est un véritable pamphlet lancé contre la France et toutes ses gloires nationales. Rien n'est sacré pour ces Messieurs : ni le passé ni le présent, et si leurs doctrines antipatriotiques s'insinuaient au cœur de la nation, avant la fin du siècle on chercherait, sans la trouver peut-être, la place amoindrie qu'occupe encore la France, sur la carte de l'Europe. Est-ce là ce qu'ils veulent ?

Et en effet, d'après ces Messieurs, la France n'aurait été, jusqu'à ce jour, que la victime des aberrations cléricales et la dupe des tyrans qui l'ont exploitée jusqu'en 93, date sanglante de la rénovation sociale dont nous savourons les fruits. Quant à nos gloires séculaires, fi donc ! il sagit bien de cela; quant à la pléïade de nos héros, silence ! C'étaient les esclaves des rois et ils croyaient en Dieu. Tout cela dérangerait considérablement ces Messieurs dans les compositions honteuses où ils dissimulent, sous les fleurs de leur rhétorique, le venin mortel destiné à paralyser le cerveau, à glacer le cœur et à tuer l'âme de ce pauvre peuple. Ils parlent savamment aussi et presque avec plaisir de toutes les défaillances de notre dernière guerre; mais ils feignent d'ignorer les traits héroïques de ces grands chrétiens : Charette, Cathelineau et Saunis, qui marchaient à la tête de leur valeureuse phalange de cléricaux, contre un ennemi dix fois plus nombreux. Tout cela n'est absolument rien pour ces excellents Français. Parlons plutôt des communards : voilà des braves, dignes des éloges de ces Messieurs. Ils osent enfin comparer les préfets prussiens aux préfets français, et ils envient le sort des malheureux annexés de l'Alsace et de la Lorraine. Si belle et si douce est à leurs yeux la nouvelle administration allemande. Hé bien ! allez-y donc et restez-y, Messieurs, et ne venez plus nous écœurer avec vos misérables pamphlets antifrançais et archiprussiens.

Non, non, ils ne sauraient être Français ceux qui attaquent nos aïeux et méprisent nos enfants sous les drapeaux. Qu'ils le sachent bien, nous connaissons assez notre histoire et notre devoir pour nous passer de leurs leçons. Nous savons que notre glorieuse Monarchie n'a pas cessé d'être, depuis Charlemagne jusqu'à Louis XVI, la plus grande comme la plus glorieuse des nations. Ce n'est pas en vain qu'elle acquit le titre admirable de fille ainée de l'Église; elle porta depuis lors le double flambeau de la civilisation et de la foi sur tous les continents. Sa puissance croissait aussi de jour en jour, et sa gloire était si pure, que les opprimés tournaient aussitôt les yeux vers la noble France — la France du vieux temps; — ils venaient d'eux-mêmes s'abriter sous son égide : Amérique, Grèce, Pologne, est-ce vrai ?... Naguère, enfin, elle étendait ses conquêtes jusqu'en Afrique, et nous donnait l'Algérie, dernière gloire du meilleur de nos rois, léguant à la France, à titre de testament, un royaume de plus.

Mais si nos monarques ont su conquérir des territoires, les doctrines de MM. Erckmann-Chatrian nous apprendront à les perdre, et en cela ils réussissent parfaitement à *prussianiser;* du reste, c'est leur affaire. Mais, pour Dieu, qu'ils ne se disent donc pas Français, attendu que, d'une manière inconsciente, je veux le croire, ils font tout ce qu'ils peuvent, moralement parlant, pour livrer la France au plus rapace de ses ennemis. Ne disent-ils pas que la religion catholique est contraire à notre grandeur ;

que le protestantisme prussien irait mieux à nos intérêts ; que nos femmes seraient beaucoup mieux partout ailleurs qu'à la messe et autres exercices religieux, qui abêtissent le pauvre peuple ? Voilà ce que ces Messieurs osent écrire à la face de 35 millions de Français catholiques, et on nous accuse d'être intolérants ! Mais si nous étions intolérants, nous vous aurions écharpés en moins de vingt-quatre heures ! Vous nous attaquez toujours et nous ne disons rien, parce que nous avons le bonheur de pratiquer la charité chrétienne qui vous fait complètement défaut. Mais le moyen de ne pas mépriser et flétrir vos dangereuses insanités ?...

Poursuivez donc votre œuvre, Messieurs, encore une fois, c'est votre affaire ; mais que des journalistes français, si rouges qu'ils puissent être, donnent tête baissée dans vos filets, pour le coup, cela est trop fort. De trois choses l'une : ou ils sont coupables de trahison envers la France, ou ils sont fous, ou ils sont ramollis. Chosissez.

Voici ma conclusion.

Ne mérite de s'appeler Français que celui qui reconnaît sincèrement :

1º Que notre glorieuse patrie a été vaillante au premier chef, a été noble et victorieuse, sauf quelques revers qui n'ont en rien amoindri sa gloire pendant l'espace de plus de mille ans, sous la conduite de ces valeureux monarques, accomplissant ensemble leurs glorieuses destinées ;

2º Que sa décadence morale a commencé à partir de 93, de néfaste mémoire, et que la France ne reprendra son essor que le jour où elle rentrera dans la voie qu'elle a eu le malheur de quitter; que le jour où elle reviendra à ces traditions mémorables, reprises par la grande Monarchie française et nationale des Bourbons, dont Henri V est le seul légitime représentant.

Plus de Jésuites! plus d'hommes noirs! disent ces bons patriotes; mais vivent les Peaux-rouges et les fous écarlates de tous les pays. Plus de couvents et de nonnes ; il nous faut beaucoup de femmes libres-penseuses et libres-faiseuses. — Vraiment?

Et qui soignera dans nos hôpitaux les pauvres, les infirmes et tous les déshérités de ce bas-monde? Ne vous inquiétez pas, bonnes gens ; ils vous diront d'aller demander les bonnes sœurs..... à Sa Majesté le roi de Prusse. Après tout, que leur importe toutes les misères et toutes les souffrances de l'humanité, pourvu que la religion catholique disparaisse du monde entier. Voilà cependant où la haine aveugle et bestiale contre la religion et ses ministres conduit les hommes lorsqu'ils ont perdu toutes notions de vérité et de justice envers leurs semblables. Alors, sans le vouloir peut-être, ils vont jusqu'à pousser à la destruction de ce qu'il y a de plus respectable sur la terre, c'est-à-dire jusqu'à la destruction de tous les dévouements et de toutes les vertus qu'enfante la religion chrétienne dont les œuvres, répandues dans l'univers entier, tantôt rayonnent discrètement, dans l'ombre des misères cachées, comme les étoiles du firmament, tantôt éclatent à tous les yeux, comme le soleil en plein midi.

Mais nous espérons bien que le Dieu de Clovis, de sainte Geneviève et de saint Louis veillera toujours sur la nation de prédilection, puisqu'elle fut choisie dans le temps pour être la fille aînée de l'Église. Non! non! elle ne périra pas cette grande nation ; au contraire, elle reprendra bientôt, nous l'espérons, le rang glorieux qu'elle a possédé sans conteste pendant de longs siècles parmi tous les peuples. Et malgré ses ennemis du dehors, en dépit des ennemis du dedans, la France restera à jamais ce qu'elllle a été et ce qu'elle sera toujours : la première nation catholique du monde, digne de marcher à la tête de tous les peuples, pour la plus grande gloire de Dieu et pour le plus grand bien de l'humanité.

Voilà, Monsieur le Rédacteur, ce que j'ai cru devoir dire en réponse à ces Messieurs, pour sauvegarder, selon mes faibles moyens, l'honneur français et la foi catholique, auxquels je tiens plus qu'à ma propre vie !

Veuillez recevoir, Monsieur le Rédacteur, mes salutations respectueuses.

J. SAUJEON Père,

62, rue du Hamel.

PETIT RÉCIT

SUR LA

VIE CHRÉTIENNE ET ÉDIFIANTE

D'UN ANCIEN SOLDAT

———✻———

> « Le ciel, mon ami, durera toujours, toujours ! Pensez-y bien et vous serez sauvé. »
> *(Paroles de l'abbé Dasvin.)*

Agé de soixante-six ans, ce brave travailleur a mené une vie pleine de résignation, d'abnégation et de parfait dévouement.

Il commença cette vie de sacrifice sous les drapeaux, et il servit sa patrie pendant l'espace de quinze années. Ce laps de temps se passa presque toujours en Afrique à batailler contre les Arabes, et sans jamais forfaire à l'honneur. Mais n'ayant reçu aucune instruction, il ne put parvenir en grade, quoique ses chefs le regardassent comme un de leurs meilleurs soldats. Cependant, s'il n'avait pas eu l'envie de rentrer dans la vie privée, il aurait certainement porté le signe de l'honneur sur sa glorieuse poitrine, en récompense de ses bons et loyaux services ; les papiers dont il est muni ne laissent aucun doute à cet égard.

Et c'est vers un tel homme, aussi ferme chrétien qu'intrépide soldat, que trois libres-penseurs sont venus pour tâcher de lui ravir sa piété intelligente et sa douce résignation en la volonté de Dieu, en échange de leurs promesses scélérates vraiment dignes de Satan.

Joseph Bodelais, dit Napoléon, naquit en 1810, à Lille (Flandre), de parents pieux mais sans fortune ; il fut le modèle des fils, comme il devait être plus tard le

modèle des soldats ! De retour du service
militaire, il vint à Bordeaux en 1844, où
il ne tarda pas à se marier avec une
parfaite chrétienne ; et, comme lui, cette
excellente fille du peuple ne cessa jamais
d'être résignée aux malheurs qui devaient
bientôt les atteindre. L'activité et les éco-
nomies de la jeune femme leur permirent
d'abord de mener une existence sinon aisée
du moins assez facile ; ils étaient heureux,
heureux parce qu'ils étaient contents de
leur sort. Mais il était écrit que pour eux,
surtout, cette terre serait une vallée de
larmes ; car, à peine goûtaient-ils ce bien-
être relatif, qu'une maladie rhumatismale
cloua l'épouse bien-aimée sur un lit de dou-
leur qu'elle ne devait quitter que le jour de
sa mort, après avoir souffert pendant vingt-
cinq ans. Qui pourrait dire le noble dévouement de cet époux modèle, la sainte résignation avec laquelle il supporta le coup

qui le frappait. Seul, il suffisait vaillamment à tout ; il fut toujours, sans ombre de défaillance, à la hauteur des rudes épreuves que la Providence lui avait réservées, et, comme le saint homme Job, il pouvait dire en toute sincérité : Dieu m'avait donné un bonheur relatif, il lui a plu de me l'ôter, que son saint nom soit béni à jamais ! Et pendant tout le temps que sa pauvre percluse a vécu, il a pourvu à tous ses besoins : ni remèdes, ni médecins n'ont jamais manqué ; la nuit, il veillait comme l'eût fait une bonne sœur de charité ; le jour, malgré les rigueurs des hivers et les plus brûlantes chaleurs de l'été, il faisait les travaux les plus pénibles. Il ne reculait devant rien lorsqu'il s'agissait de gagner quelques pièces de monnaie pouvant porter quelque soulagement aux maux de sa pauvre infortunée, sans espoir de la guérir jamais.

Voilà, je pense, de la véritable vertu. Qui

a pu donner à cet homme tant d'abnégation et de persévérance auprès de sa femme? La religion seule a fait ce prodige. C'était un homme juste et craignant Dieu, qui ne manquait jamais d'aller à la messe les dimanches et fêtes.

Et après un tel héroïsme et de telles épreuves, abandonné des hommes, excepté de quelques amis au moment où la maladie le cloua lui aussi sur son grabat, trois personnages osèrent — et c'est là que je veux en venir en terminant cette narration — venir lui proposer le marché infâme que voici :

Ils lui demandèrent s'il était juif, protestant ou catholique. — Il répondit qu'il était catholique. — Ils lui dirent alors que cette religion n'aimait que l'argent et qu'il fallait la maudire. — C'est faux, leur répondit-il, je n'ai point d'argent à donner, moi; bien au contraire, ce sont les prêtres et les religieuses qui viennent à mon secours. — Ces Messieurs faisant la sourde oreille, reprirent : Eh bien ! si vous voulez nous croire, vous aurez tous les secours dont vous avez besoin ; vous aurez près de vous une femme qui vous soignera nuit et jour, car nous sommes, nous, de la véritable religion de l'avenir. Réfléchissez bien à cela ; soyez des nôtres et vous ne manquerez de rien. — Messieurs, répliqua notre martyr, je vous remercie de vos bontés ; mais pour changer de religion, jamais !... J'aimerais mieux mourir sans secours que d'être secouru à ce prix. Mon père est mort en bon chrétien, ma mère aussi, et je veux suivre leur exemple ; je n'ai jamais aimé les impies. Quant à vous, vous pouvez vous retirer ; je prierai Dieu, la sainte Vierge et mon saint patron de me venir en aide, et je ne serai abandonné ni de mes frères ni du ciel.

Voilà l'homme qui va demain entrer à l'hôpital, attendu que son mal est trop grave pour pouvoir être soigné par des voisins, qui, comme lui, sont loin d'être riches.

Qu'on vienne donc nous dire encore qu'il n'y a plus de saints ! Tant que le christianisme existera sur la terre, il donnera à l'homme cette force héroïque qui ne se dément jamais, et qui le fera triompher de toutes les embûches semées sur son passage, à la honte des renégats et des mécréants !

BORDEAUX, IMPRIMERIE ALCIDE SAMIE

www.ingramcontent.com/pod-product-compliance
Lightning Source LLC
Chambersburg PA
CBHW070523050426
42451CB00013B/2829